DONNANT, DONNANT

COMÉDIE EN DEUX ACTES,

Par M. AMÉDÉE ACHARD,

REPRÉSENTÉE POUR LA PREMIÈRE FOIS, A PARIS, SUR LE THÉATRE DU GYMNASE, LE 14 JUILLET 1852.

DISTRIBUTION DE LA PIÈCE.

M. DE BREUIL, rentier, 55 ans	MM. PERRIN.
PETIT-CERF, intendant, 60 ans.	LESUEUR.
M. PATRICK O' NEIL	DUPUIS.
SIR EDWARD, 21 ans	ARMAND.
ÉLISE, fille de M. de BREUIL, 16 ans . . .	Mlles JUDITH FERREYRA.
Mme de CHARMIEU, sœur de M. de BREUIL	FIGEAC.
UN DOMESTIQUE.	

La Scène se passe chez M. de Breuil, à Paris, en 1851.

ACTE I.

Le théâtre représente un salon — Meubles élégants. — Beaucoup de fleurs. — Une porte au fond. — Portes latérales. — Une table avec tout ce qu'il faut pour écrire. — A gauche un guéridou avec un échiquier.

SCÈNE Ire.

PETIT-CERF, ÉLISE.

Petit-Cerf joue assis devant l'échiquier. — Elise brode.

ÉLISE.

Tu joueras donc toujours, Petit-Cerf ?

PETIT-CERF.

Quelle exagération !... je ne joue guère que du matin au soir.

ÉLISE.

Et ça t'amuse de jouer comme ça tout seul ?

PETIT-CERF.

Permettez ! je ne joue pas tout seul, ma main droite joue contre ma main gauche.

ÉLISE.

Comment ?

PETIT-CERF.

Ma main droite fait la partie d'un chambellan du roi de Prusse qui demeure à Berlin et ma main gauche celle d'un vieil amiral anglais qui habite Plymouth... Ils m'ont confié leurs intérets sur le bruit de ma réputation... l'un me donne mille thalers s'il ne perd pas, et l'autre m'a promis deux cents guinées s'il gagne. Ça me distrait et ça me crée de petits revenus.

ÉLISE.

Tu es donc d'une force terrible ?

PETIT-CERF.

Insupportable; si Philidor vivait je battrais Philidor, mais il est mort prudemment.

ÉLISE.

Voilà qui est bien malheureux !

PETIT-CERF.

Vous connaissez bien le cardinal Palafieri ?

ÉLISE.

Ton élève, le nonce du pape.

PETIT-CERF.

Il bat tout Paris, et moi je m'amuse à le battre de temps en

temps. Hier encore, après une bataille acharnée : mon fils, m'a-t-il
dit tout joyeux, demande-moi ce que tu voudras, je te l'accorde !

ÉLISE.

Et que lui as-tu demandé ?...

PETIT-CERF.

Rien... je me réserve ; mais le cardinal ne perdra rien pour
attendre ! diable ! un élève que j'ai commencé à Rome et que
j'achève à Paris.

ÉLISE.

Tu as beau dire ; mais il me semble que ça m'ennuierait de
pousser l'une après l'autre ces petites machines taillées dans le
buis et l'ébène.

PETIT-CERF.

Voilà qui est singulier ! Mademoiselle Elise trouve donc une
grande distraction à pousser ces petites aiguilles d'acier dans
un canevas de fil ?...

ÉLISE.

Mais moi je n'ai pas que mes aiguilles comme toi tes petits
bons hommes ! J'ai mes fleurs. (*Elle se lève*)

PETIT-CERF.

Des fleurs et des aiguilles, ça vous suffit donc ?...

ÉLISE.

Et mon père... crois-tu que je l'oublie ? n'a-t-il pas la meil-
leure part de ma tendresse ; n'a-t-il pas toute mon affection...
avec toi, mon bon vieil ami... Et cependant je devrais te gron-
der. Tu me gâtes trop ; lui et toi vous ne savez que faire pour
prévenir mes fantaisies ! Entre vous deux qu'ai-je à sou-
haiter.

PETIT-CERF, *se levant.*

Ainsi vous ne désirez rien ?

ÉLISE.

Et que veux-tu que je désire ?

PETIT-CERF,

Un mari, par exemple.

ÉLISE.

Pourquoi un mari ?...

PETIT-CERF.

Pour l'épouser !...

ÉLISE.

Oh ! ne m'en parle jamais... vois-tu, je suis heureuse comme
ça, je ne veux pas changer... un mari ! qu'elle singulière idée
as-tu là ?

PETIT-CERF.

Mais une idée qui court les rues !

ÉLISE.

Laisse la courir et surtout ne va pas t'aviser de lui ouvrir la
porte.

PETIT-CERF.

C'est bon! on ne vous en parlera plus... les jeunes filles ont une manière de raisonner qui n'appartient qu'à elles... elles s'embarrassent dans de petits sentiers tout hérissés de non, qui finissent toujours par les mener dans un grand chemin tout rempli de oui.

ÉLISE.

Est-il donc si nécessaire de se marier?

PETIT-CERF.

C'est au moins assez la coutume. Tout le monde se marie.

ÉLISE.

Tout le monde, excepté toi.

PETIT-CÉRF.

Oh! moi! ce n'est personne! (*prenant la main d'Elise.*) Et puis n'ai-je pas une fille sans avoir l'embarras d'une femme! j'ai été au dénouement tout de suite sans passer par la comédie...

ÉLISE.

Va pour toi.., tu t'es marié avec les échecs, mais notre voisin.....

PETIT CERF, *à part,*

Nous y voilà! (*haut*) Quel voisin?

ÉLISE.

Nous n'en avons pas tant! Ce jeune étranger qui demeure à côté de nous depuis six mois et que je vois tous les jours dans son jardin... Est-il marié?..

PETIT-CERF.

Oh! lui, c'est différent; il est un peu sauvage.

ÉLISE.

Je t'ai vu causer avec lui... Est-il aimable, a-t-il de l'esprit, de l'instruction?

PETIT-CERF.

Il est anglais... voilà tout ce que j'en sais... et puis qu'il vit seul au milieu d'un tas de livres. Au demeurant, très bon diable'

ÉLISE.

Un diable! qu'elle expression! un pauvre jeune homm n'a peut-être ni parents, ni amis. Tu es bien dur ce ma'

PETIT-CERF, *l'observant.*

Qu'est-ce que ça peut vous faire? un voisin à qui · jamais parlé.

ÉLISE.

Tu m'as dit qu'il est sauvage... moi j'ai '   st malheureux; quand je suis dans ma serre je l   ar- che le long de cette allée de vieux tilleuls qui s   deux jardins, son pas est égal, mesuré, lent comme cel.   omme qui porte un lourd fardeau; et il marche ainsi   ant des heures entières..... Le bruit régulier de cette promenade lon- gue et monotone finit par me serrer le cœur. L'autre matin, il était

assis aux pieds d'une statue qui tombe en ruines. Il avait la tête
dans ses mains, et les coudes sur les genoux... quand il se leva,
son visage était tout en pleurs... je ne sais ce qui m'a pris,
mais j'ai senti que les larmes me gagnaient aussi, je me suis
sauvée dans ma chambre, et là, seule, je me suis mise à pleurer
comme un enfant... je ne sais pas pourquoi: je n'ai aucun motif
d'être chagrine, sinon qu'il souffre, et tous ceux qui souffrent
me semblent de ma famille.

PETIT-CERF.

Oh! je ne vous en blâme pas! ce sont de ces mouvements
nerveux qui viennent sans qu'on y pense. Je m'attendrirais
aussi, moi, si j'en avais le temps.

ÉLISE.

Oh! si l'on t'entendait, on pourrait croire que tu n'as pas de
cœur.

PETIT-CERF.

Voulez-vous donc que je pleure, parce qu'il plaît à un anglais
de demeurer dans le faubourg Saint-Jacques et de se promener
dans un vieux jardin .. j'économise ma sensibilité, que diable !

ÉLISE.

Et puis tu ne sais pas... l'autre jour étant à mon balcon, le
vent fit voler mon mouchoir dans l'allée des tilleuls ; un instant
après son épagneul, le chien le plus doux et le plus intelligent
que j'ai jamais vu, vint me le rapporter en frétillant. Le mouchoir, noué par les quatres coins, était rempli de roses et de
violettes. Crois-tu que je doive le remercier?..

PETIT-CERF, *à part.*

Ah! dam!... Et puis elle vous dira qu'elle ne veut pas se
marier !.. prenez-moi la femme la plus sincère, grattez l'écorce
et vous trouverez dessous un brin de dissimulation.

ÉLISE.

Que fait donc mon père ce matin? ne l'as-tu pas vu?

PETIT-CERF.

Votre père?.. il était déjà parti quand je me suis remis à
mon jeu.

ÉLISE.

Et tu ne sais pas ce qui l'appelait dehors?

PÉTIT-CERF.

Lui qui diable sait? Quelque affaire qui regarde autrui...
un malheur à empêcher, une sottise à réparer, une bonne action
à commettre enfin! Il a la manie de la vertu... il y en a qui
cultivent les roses ou les échecs, comme vous et moi; lui, cul-
tive la morale.

ÉLISE.

Ce bon père !

PETIT-CERF.

Mais, tenez, le voici lui-même.

SCÈNE II.

PETIT-CERF, M. DE BREUIL, ELISE.

ELISE, *allant à lui.*

Enfin ! vous voilà !

M. DE BREIUL.

Bonjour, ma fille; bonjour, Petit-Cerf !

PETIT-CERF.

Bonjour, bonjour... (*Il retourne à son échiquier*).

ÉLISE.

Comme vous avez chaud, peut-on se mettre dans un pareil état ! (*Elle le débarrasse de sa canne et de son chapeau*)

M. DE BREUIL.

Mais embrasse-moi donc ! Tu ne m'as pas encore embrassé d'aujourd'hui ! comme dit la tragédie.

ÉLISE.

Mon bon père !... (*Elle l'embrasse.*) Vous êtes donc sorti de bien bonne heure ce matin ?

M. DE BREUIL.

Avant le jour... Le jour n'est qu'un paresseux.

PETIT-CERF, *riant.*

Le jour n'a pas si tort.

M. DE BRUEIL.

Ah! tu trouves ! ah ! pardieu ! je ne donnerais pas l'heure que je viens de passer pour un mois de sommeil.

PETIT-CERF.

Hum !

ÉLISE.

C'est donc bien amusant ce que vous avez fait ?

M. DE BREUIL.

Figure-toi, c'était l'autre soir, on m'apprend que la petite fille de madame Dancenis avait subitement disparue.

ÉLISE.

Madame Dancenis, la maîtresse du pensionnat voisin ?...

M. DE BREUIL.

Elle-même. On parlait d'un enèlvement mais il n'y avait nulle trace, nul indice, rien qui pût me mettre sur la piste des ravisseurs, et ça m'enchantait.

ÉLISE.

Vous !

PETIT-CERF.

Eh ! sans doute ! à cause des difficultés ! où serait le mérite sans les obstacles ? Vous savez bien que M. de Breuil adore les mystères.

M. DE BREUIL.

Oh ! les mystères, ce sont mes échecs à moi ! plus ils sont noirs, plus je les aime... malheureusement les mystères s'en vont.

ÉLISE.

Et la petite-fille ?

M. DE BREUIL.

Un saltimbanque la trouvant jolie l'avait prise pour en faire une Esméralda de carrefour ; mais mon drôle avait compté sans moi.. un ancien secrétaire-général de la police ! Grâce à quelques vieux pensionnaires qui, pour moi, fouilleraient Paris jusque dans ses entrailles, la petite-fille a été retrouvée, et ce matin, dès l'aube, je la ramenais chez elle. L'enfant riait , la mère pleurait ; toute la maison était en l'air depuis la portière jusqu'au perroquet ! quel tableau !

ÉLISE.

Et vous ?

M. DE BREUIL.

Moi ! j'avais et j'ai encore faim ! Il n'y a rien qui creuse comme les bonnes actions.

ÉLISE, *lui frappant sur le cœur.*

Vous faites l'homme fort... Mais, c'est égal, vous avez bien gagné votre déjeûner. Je vais donner ordre qu'on le serve bientôt.

M. DE BREUIL.

Dans le jardin... nous y serons plus au frais...

Elise sort.

SCÈNE III,

M. DE BREUIL, PETIT-CERF.

M. DE BREUIL, *la regardant sortir.*

Charmante enfant ! l'image de sa mère ! Sais-tu, Petit-Cerf, que c'est demain l'anniversaire de la naissance de ma fille !...

PETIT-CERF.

Oui, après.

M. DE BREUIL.

Chaque année, à pareille époque, j'ai l'habitude de lui faire un cadeau.

PETIT-CERF.

C'est une bonne habitude, monsieur.

M. DE BREUIL.

Je n'y dérogerai pas, le cadeau est déjà choisi.

PETIT-CERF.

Ah !

M. DE BREUIL.

C'est un mari.

PETIT-CERF.

Un vrai?

M. DE BREUIL.

Veux-tu pas que je lui donne une poupée, par hasard? une fille... c'est charmant; mais ce qu'il me faut, c'est une famille ; ma vie est incomplète, et à présent que ma fille a seize ans, je veux lui donner un mari, pour avoir la famille... Que dis-tu de l'idée, Petit-Cerf?

PETIT-CERF.

Je dis qu'elle est excellente, si elle réussit; et qu'elle ne vaut pas le diable, si elle ne réussit pas.

M. DE BREUIL.

Pourquoi ne réussirait-elle pas ?

PETIT-CERF.

Sait-on jamais comment souffle le vent dans la tête d'une petite fille !... un jour, du nord; un jour du sud !...

M. DE BREUIL.

Tu dis ça, parce que ma fille, toutes les fois qu'on vient à lui parler mariage, prend de petits airs de reine de Sabbat.. Elle veut vivre ici, près de moi, ne jamais me quitter, et ceci et cela! ce sont des folies qui lui sont soufflées par ma sœur, Mme de Charmieu, une veuve armée en guerre contre tous les maris...

PETIT-CERF.

Et dont tous les hommes voudraient faire leur femme... jeune, jolie, riche...

M. DE BREUIL.

Oui, mais du côté de la raison, ma sœur aura toujours dix ans; et quoi qu'elle ait pu dire à ma fille, Elise aura un mari !...

PETIT-CERF.

Lequel ?

M. DE BREUIL.

Ah! voila!... elle n'a pas de cousin, et mes amis n'ont que des filles, mais c'est égal, je tiens à ce qu'Elise soit mariée avant la fin du mois. La dot est là dans mon secrétaire en bons coupons de rentes, le trousseau est terminé, le trousseau que jai fait faire en cachette... Tout est prêt. Il ne me manque que le mari.

PETIT-CERF, *se levant.*

Si ce n'est que cela, je l'ai.

M. DE BREUIL.

Toi?

PETIT-CERF.

Moi, et un aimable garçon encore.

M. DE BREUIL.

Qui donc?

PETIT-CERF.

Votre voisin.

M. DE BREUIL.

L'anglais?...

PETIT-CERF.

Lui-même. Entre nous je crois qu'il ne déplaît pas trop à mademoiselle Elise. Elle m'en a parlé d'un petit air qui me donne fort à penser.

M. DE BREUIL.

La sournoise! mais s'il ne lui déplaît pas trop, ce voisin, il me plaît fort à moi... d'excellentes manières, l'air d'un gentleman... crois-tu qu'il ait remarqué ma fille?

PETIT-CERF, *tirant un album d'un tiroir.*

Monsieur, regardez cet album qui traînait sur un banc et que j'ai pris; le portrait de votre fille y est vingt fois dessiné et ce sont partout des vers en son honneur... Du bel et bon amour avec illustrations.

M. DE BREUIL.

C'est ma foi vrai!... dis-moi, ma fille a-t-elle vu cet album?

PETIT-CERF.

Jamais!

M. DE BREUIL.

Bon! et tu connais cet anglais?

PETIT-CERF.

Beaucoup plus que je l'ai dit à mademoiselle Elise. Mais pas tant que je le voudrais. Il est un peu triste. On dirait qu'un mystère sur lequel il ne veut pas s'expliquer, enveloppe sa vie.

M. DE BREUIL.

Un mystère, eh bien? me voilà!

PETIT-CERF.

Est-il bien naturel, par exemple, qu'un joli garçon qui paraît riche, vienne s'enfermer dans une vieille maison au fond du faubourg Saint-Jacques ? Qu'il vive là, en hibou, sans voir personne ? qu'il ait pour toute compagnie celle d'un grand épagneul noir qui répond au nom de *Tock*, et qui était encore ce matin chez nous ? et qu'il soit plus muet sur toutes les choses de sa vie que l'obélisque sur l'histoire des Pharaons?

M. DÉ BREUIL.

Voilà qui pique ma curiosité.

PETIT-CERF.

Votre curiosité en sera pour les frais de piqûre. Je vous dis qu'il est impénétrable... Ce n'est pas un homme, c'est une énigme.

M. DE BREUIL.

Ta ! ta ! ta ! il faudra bien qu'il s'explique et pour commençer je vais lui donner rendez-vous ici.

PETIT-CERF.

Il ne viendra pas.

M. DE BREUIL.

C'est ce que nous verrons...

PETIT-CERF.

Et le moyen, s'il vous plaît?

M. DE BREUIL.

D'abord, tu prétends que ma fille lui plaît.

PETIT-CERF.

Raison de plus pour qu'il ne bouge pas. C'est un huron.

M. DE BREUIL.

Alors, il y a le chien?

PETIT-CERF.

Quel chien?

M. DE BREUIL.

Tock ! pardieu ! Ne me disais-tu pas qu'il était encore ici ce matin?

PETIT-CERF.

Oui, après ?

M. DE BRÉUIL.

Eh bien ! Tock a ravagé mes plates-bandes et brisé mes rosiers.

PETIT-CERF.

Mais c'est faux !

M. DE BREUIL.

Ça pourrait être, donc ça est !

PETIT-CERF.

Voilà qui est puissamment raisonné.

M. DE BREUIL.

Je l'écris à mon anglais en style qui ne souffre pas de retard ; tu retiens Tock en otage...

PETIT-CERF.

Ce n'est pas difficile... L'épagneul passe le plus clair de son temps à croquer des biscuits dans la main de mademoiselle Elise...

M. DE BREUIL.

Le maître vient réclamer, et si les explications me conviennent, je lui donne ma fille.

PETIT-CERF.

Crac ! aussitôt pris, aussitôt marié !

SCÈNE IV.

M. DE BREUIL, PETIT-CERF, MADAME DE CHARMIEU.

MADAME DE CHARMIEU.

Ah ! grâce à Dieu, je vous trouve, mon frère, et j'en suis ravie... j'ai affaire à vous. Bonjour, Petit-Cerf... Les échecs vont bien ?...

PETIT-CERF.

Pas mal ; les fous surtout, et vous ?

MADAME DE CHARMIEU.

Mon frère, voulez-vous me servir de témoin ?

M. DE BREUIL, *à sa table où il cherche une plume*

Pour vous marier ?

MADAME DE CHARMIEU.

Pour me battre...

M. DE BREUIL.

Bonté du ciel... Êtes-vous folle ?

MADAME DE CHARMIEU.

Point, je suis agacée, harassée, obsédée ; il faut en finir... j'ai choisi le pistolet...

M. DE BREUIL.

Et qui diable vous rend si belliqueuse de si bon matin ?

MADAME DE CHARMIEU.

Et qui voulez-vous que ce soit, sinon un homme, un affreux homme dont la seule occupation est de me persécuter...

M. DEBREUIL.

Que vous a-t-il fait?

MADAME DE CHARMIEU.

Il me fait la cour... oh! la cour, passe encore, ce pas le premier, mais il pousse l'impertinence jusqu'à vouloir m'épouser; et voilà qui est intolérable...

PETIT-CERF.

Il est certain qu'on n'a jamais rien vu de pareil!

MADAME DE CHARMIEU.

Je voudrais bien vous y voir, vous qui raillez! J'ai rencontré ce lovelace, je ne sais où, dans le monde... Au commencement il m'a dit qu'il me trouvait charmante et qu'il se sentait des dispositions extraordinaires à m'aimer... Je lui ai pardonné; mais voyez ce que c'est que la bonté !... quatre jours après il me demandait ma main !

PETIT-CERF.

Et voilà la guerre allumée !...

MADAME DE CHARMIEU.

Naturellement. Depuis ce moment les hostilités ont commencé !...

M. DE BREUIL.

Les hostilités?

MADAME DE CHARMIEU.

Il m'a écrit pour me faire comme il dit: une déclaration officielle... Plus tard, il m'a envoyé son notaire et il ne me voit jamais sans me renouveller l'offre de son cœur et de sa fortune...

M. DE BREUIL.

Mais, c'est un premier grand prix de constance que ce monsieur là?

MADAME DE CHARMIEU.

Il n'en existe peut-être qu'un seul et je le rencontre! Et quels procédés n'emploie-t-il pas ! si par hasard j'ai envie d'une bagatelle impossible... je n'aime que celles-là... je la trouve chez moi en rentrant... L'autre jour on parlait devant lui d'un vase chinois, affreux, horrible, un bijou enfin dont il m'a pris fantaisie d'orner mon boudoir. Ce vase n'existe pas... je l'ai vu en peinture, sur un paravent... Le soir, ce vase était sur mon étagère...

M. DE BREUIL.

Et vous l'avez gardé?

MADAME DE CHARMIEU.

Voilà ce qui m'indigne!

M. D'EBREUIL.

Il fallait le refuser.

MADAME DE CHARMIEU.

Le moyen de refuser quand une chose vous fait plaisir! Il prétend qu'il est devant moi comme un général d'armée devant une place forte... Il fait mon siège...

PETIT-CERF.

C'est-à-dire qu'il vous compare à une citadelle. Savez-vous que beaucoup de femmes prendraient cela pour un compliment!

MADAME DE CHARMIEU.

Bien obligée!... et il ajoute qu'il s'obstinera j'usquà ce qu'il amène la citadelle à capituler.

M. DE BREUIL.

Savez-vous ce que je ferais à votre place?

MADAME DE CHARMIEU.

Quoi?

M. DE BREUIL.

Je capitulerais pour le punir.

MADAME DE CHARMIEU.

Me remarier!... en récidive!... jamais!

M. DE BREUIL.

Que vous a donc fait le mariage pour que vous l'ayez en une si grande horreur?...

MADAME DE CHARMIEU.

Rien!... il a même ça de bon qu'il mène au veuvage.....

PETIT-CERF.

C'est une manière d'envisager l'institution...

MADAME DE CHARMIEU.

Mais je ne me fie pas assez à mon ennemi pour courir la chance.

PETIT-CERF.

Comment appelez-vous ce têtu?

MADAME DE CHARMIEU.

Je n'ai jamais voulu me le rappeler... C'est quelque chose comme un Danois, un Écossais, un étranger enfin... charmant d'ailleurs, spirituel, aimable, un galant homme que j'aimerais volontiers, si ce n'était pas un homme.

M. DE BREUIL.

Vous les détestez donc bien!

MADAME DE CHARMIEU.

Moi, pas dutout, seulement je ne puis pas les souffrir quand ils sont a l'état de maris... voyons, voulez-vous me servir de témoin ?...

M. DE BREUIL.

Vous extravaguez.

MADAME DE CHARMIEU.

Alors, donnez-moi un bouquet de vos plus belles roses pour un bal où je vais ce soir...

PETIT-CERF.

Avec le Danois ?

MADAME DE CHARMIEU.

Presque... il a parié qu'il m'enverrait des roses comme on n'en a jamais vu et je tiens à lui prouver qu'on peut se passer des siennes...

M. DE BREUIL.

Mon jardin est à vous... prenez et laissez-nous !..

MADAME DE CHARMIEU.

Vous êtes en affaires !...

M. DE BREUIL.

Sérieuses.

MADAME DE CHARMIEU.

Ah ! bah !...

PETIT-CERF.

Il s'agit de marier mademoiselle Élise !

MADAME DE CHARMIEU.

Et pourquoi faire, mon Dieu !

M. DE BREUIL.

Pour qu'elle ait un mari, pardieu !

MADAME DE CHARMIEU.

Pauvre petite ! si elle savait ce que c'est !... tenez, je me sauve pour ne rien entendre de toutes ces vilenies. (*Elle sort.*)

SCÈNE V.

M. DE BREUIL, PETIT-CERF, un peu après ÉLISE.

M. DE BREUIL.

Tu l'as entendue ! un mari qui faisait tous ses caprices.

PETIT-CERF

C'est peut-être pour ça... Et la lettre au voisin !

M. DE BREUIL.

Cette folle m'a troublé l'esprit... j'ai besoin de me remettre un peu. Que disais-je donc dans cette lettre ?

PETIT-CERF.

Les plates-bandes et le chien...

M. DE BREUIL.

Ah ! oui ! je vais là dans mon cabinet, je l'écrirai plus tranquillement et vertement pour qu'il vienne.

ÉLISE, *entrant.*

La table est dressée sous la tonnelle, faut-il servir ?... nous avons des œufs frais que vous aimez tant.

M. DE BREUIL.

Le temps d'écrire une lettre et je suis au déjeuner... Toi, reste avec Petit-Cerf... il a un secret à t'apprendre. (*Il entre dans son cabinet*).

SCÈNE VI.

PETIT-CERF, ÉLISE.

ÉLISE.

Tu as donc quelque chose à me dire ?

PETIT-CERF.

Presque rien.

ÉLISE.

Parle vite.

PETIT-CERF.

C'est demain le jour de votre fête et votre père a pensé à vous donner un mari pour vos étrennes.

ÉLISE.

Un mari, dis-tu !... sérieusement !

PETIT-CERF.

Oui ; l'affaire sera conclue avant huit jours.

ÉLISE.

Ah !... (*Elle chancelle*).

PETIT-CERF.

Eh bien ! qu'avez-vous donc ? Ah ! mon Dieu !... est-ce que vous vous trouveriez mal ?

ÉLISE.

Non, ce n'est rien... mais si tu m'aimes vraiment, Petit-Cerf, tu feras en sorte que ce mariage n'ait pas lieu, ni dans huit jours, ni jamais.

PETIT-CERF, *à part.*

Diable ! (*Haut.*) Et pourquoi ?

ÉLISE.

Ne m'interroges pas.

PETIT-CERF.

Cependant encore faut-il bien que je donne un motif si je dois empêcher ce mariage...

ÉLISE.

Eh bien !... je vais tout te dire, mais à condition que tu n'en parleras jamais à mon père...

PETIT-CERF.

Expliquez-vous ?

ÉLISE.

Tu te souviens du temps où ma pauvre mère tomba malade ?

PETIT-CERF.

Si je m'en souviens !... c'est l'année où je fus reçu membre correspondant du club des échecs de Dublin !

ÉLISE.

J'étais bien jeune alors... et cependant je me rappelle ces jours d'angoisse comme s'ils étaient d'hier... ma mère était bien mal... un soir, le vieux médecin qui la soignait secoua tristement la tête... ma science est à bout, dit-il, il n'y a plus d'espoir qu'en Dieu. Mon père qui l'écoutait tout tremblant, tomba dans un fauteuil comme un homme foudroyé... A la vue d'un désespoir si profond, tout mon sang tourna, et sans savoir ce que je faisais, je courus dans la chambre de ma mère où l'on voyait un beau tableau de la Vierge. Je me jetai à genoux aux pieds de la sainte image, et, joignant les mains, trempées de larmes, dans un élan de ferveur extraordinaire, je lui jurai de me consacrer à son service si elle daignait sauver ma mère.

PETIT-CERF.

Et le lendemain votre mère vivait encore...

ÉLISE.

Elle était sauvée ! Dieu avait fait un miracle ! Quand le médecin déclara que tout danger était passé, mon père fondit en pleurs et prit les mains de ma mère qui lui souriait et il les embrassait avec délire... Moi, j'étais agenouillée aux pieds du lit et je sanglottais... tu sais le reste, Petit-Cerf ; ma mère vécut quelques années encore.

PETIT-CERF.

Puis, un matin, la sainte femme fut trouvée morte dans son lit.

ÉLISE.

Dieu nous l'avait prêtée et il nous l'a reprise.

PETIT-CERF.

Et vos serments à la vierge ?

ÉLISE.

Chaqne année, le jour anniversaire du miracle qui nous l'avait rendue, je les renouvelais...

PETIT-CERF, *se levant,*

Diable ! diable !

ÉLISE, *id.*

Tu sais maintenant pourquoi je ne veux pas me marier...

PETIT-CERF.

Oui, oui, oui !...

ÉLISE.

Tu comprends aussi pourquoi il ne faut pas que mon père devine la véritable cause de mon refus.

PETIT-CERF.

Je le crois bien !... lui qui cherche à se donner une famille en vous mariant, serait bien trop malheureux... pourquoi diable aussi vous avisez-vous de renouveler des serments... le premier était bien suffisant...

ÉLISE.

Je ne m'en repens pas... je leur dois d'avoir embrassé ma mère jusqu'à treize ans...

PETIT-CERF.

Vous n'avez pas d'autres motifs de refus ?

ÉLISE.

Ceux-là ne te paraissent-ils pas assez sérieux ?

PETIT-CERF.

Si ! si... mais enfin je voulais savoir...

ÉSISE

Non, aucun autre...

PETIT-CERF

Tant mieux ! (*A part.*) Elle m'a fait une peur avec son grand secret... Je sais bien comment y parer, mais ne brusquons rien ! cette tête exaltée et rêveuse serait capable de quelque folie...

ÉLISE.

Que dis-tu donc, là-bas, tout seul ?...

PÈTIT-CERF.

Je cherche un moyen pour concilier tout cela... mais c est difficile...

ÉLISE.

Mon bon Petit-Cerf, il faut que tu le trouves.

PETIT-CERF.

Si, par exemple, le refus venait du jeune homme...

ÉLISE.

Quel jeune homme ?

PETIT-CERF.

Celui qu'on vous destine!

ÉLISE.

Il y a donc un jeune homme?

PETIT-CERF.

Il y en a toujours un, quelque fois dix...

ÉLISE.

Ah! mon Dieu! Et s'il allait s'entêter à vouloir m'épouser...

PETIT-CERF.

Je m'arrangerai pour qu'il dise non et vous serez libre...

ÉLISE.

Quand je te disais que tu trouverais!

PETIT-CERF.

Mais chut!... J'entends M. de Breuil, laissez-nous, et courez auprès de votre tante madame de Charmieu.

ÉLISE.

Elle est ici?

PETIT-CERF.

Dans le jardin où elle ravage les plus beaux rosiers.

ÉLISE.

J'y cours! (*Elle sort*).

SCÈNE VII.

PETIT-CERF, M. DE BREUIL.

M. DE BREUIL.

Voilà qui est fait; la lettre est écrite et envoyée..... poli et impertinent, voilà pour le style... net et précis, voilà pour le fond... avec ce mot sur l'adresse : *Pressé*... S'il ne vient pas, c'est un malotru !

PETIT-CERF

Il viendra.

M. DE BREUIL.

Je l'espère bien !... As-tu parlé à ma fille?

PETIT-CERF.

Elle me quitte à l'instant.

M. DE BREUIL.

Eh bien?

PETIT-CERF.

Oh! vous savez ce que c'est qu'une tête de seize ans... une barricade de difficultés... des raisons sans raisons... un régiment de si et de mais et pourquoi par ci et cependant par là...

M. DE BREUIL.

Je m'y attendais! Elise a lu un tas de livres tout farcis de poésies; il n'y a rien qui gâte l'esprit comme ça. Un mari et trois enfants et au diable la poésie!...

PETIT-CERF.

Laissez-moi faire: je lèverai toutes les difficultés... et vous verrez mademoiselle Elise gentiment apprivoisée comme une chatte qui boit du lait, mais il faut mener les choses doucement.

UN DOMESTIQUE, *annonçant.*

M. Edward!

M. DE BREUIL.

Ah! enfin!

SCÈNE VIII.

M. DE BREUIL, PETIT-CERF, EDWARD

EDWARD, *s'inclinant.*

M. de Breuil, sans doute?

M. DE BREUIL.

Oui, monsieur.

PETIT-CERF, *lui serrant la main.*

Votre voisin et mon vieil ami.

EDWARD.

Votre lettre m'est arrivée et me voici, monsieur. Je dois tout d'abord m'excuser auprès de vous des dégats commis par mon chien...

M. DE BREUIL.

Un fort bel épagneul, ma foi! vif comme un écureuil, et doux comme un agneau.

EDWARD.

Mais cela fait, je dois vous avouer que votre lettre m'a semblé écrite en un style un peu brusque.

M. DE BREUIL.

Très brusque. monsieur, très brusque.

EDWARD.

Mais, monsieur, si vous en convenez si bien, pourquoi l'avez vous écrite?

M. DE BREUIL.

Pour vous faire venir, et vous voyez que j'ai réussi ! on m'a dit que vous étiez fort sauvage, Petit-Cerf que voilà... et, ma foi ! j'ai pris le parti le plus court; vous êtes ici, n'y pensons plus, et donnez-moi une poignée de main.

EDWARD.

Volontiers, cependant. .

M. DE BREUIL.

Bah ! bah ! laissons tout cela; il ne s'agit ni de fleurs, ni de chien, ni du diable, mais de vous !

EDWARD.

De moi !

M. DE BREUIL.

Parbleu ! oui ! asseyons-nous et causons; mon cher M. Edward car vous vous appelez M. Edward.

EDWARD.

Oui, monsieur.

PETIT-CERF.

Edward par un double iou !

M. DE BREUIL.

Edward tout court ?

EDWARD.

Tout court.

M. DE BREUIL.

Au fait, c'est le nom d'un saint, ça peut bien être celui d'un homme. Donc mon cher M. Edward, par un w, comme dit Petit-cerf, vous me permettrez bien de vous adresser un reproche.

EDWARD.

Et lequel, s'il-vous-plait ?

M. DE BREUIL.

Comment vous venez-vous établir dans un quartier perdu, peuplé de sauvages comme une ile déserte et vous ne rendez pas visite aux seuls êtres sociables qui soient à dix rues à la ronde ! Le procédé est inqualifiable.

PETIT-CERF.

Monstrueux, monsieur, monstrueux !

EDWARD.

Mais...

M. DE BREUIL.

Et ce n'est pas tout...

PETIT-CERF.

Oh ! non !...

M. DE BREUIL.

Monsieur, qui a la tournure et les manières d'un gentleman et des yeux de vingt ans, remarque dans le voisinage une jeune personne appartenant à une honnête famille ; elle lui paraît charmante, il le laisse voir ; et au lieu de s'en ouvrir bravement au père, monsieur enfouit cette inclination au plus profond de son cœur, soupire et se tait. Ah ! fi ! monsieur, fi ! (*se levant*) est-on un croquemitaine pour faire peur aux gens ?

EDWARD.

Mais !

M. DE BREUIL.

Il n'y a pas de mais ! nierez-vous que ma fille, mademoiselle Elise, soit pour beaucoup dans vos rêveries, et vos promenades. Au besoin cet album déposerait contre vous ! mademoiselle Elise de face, mademoiselle Élise de profil et très ressemblante, ma foi !

EDWARD.

Comment se fait-il ?...

M. DE BREUIL.

Que j'ai cet album?.. que vous importe... je l'ai.

EDWARD.

C'est juste...

M. DE BREUIL.

Ah ! vous voilà pris !

EDWARD.

Après ce que vous avez vu, après ce que vous m'avez dit, j'aurais mauvaise grâce à vous cacher plus longtemps mes secrètes pensées. Il est vrai, monsieur, que j'ai vu mademoiselle Elise et qu'elle a fait sur mon cœur une vive impression.

M. DE BREUIL.

Eh bien, monsieur, puisque vous en convenez, votre devoir serait de vous faire connaître.

EDWARD.

C'est ce que j'aurais fait depuis longtemps, si je me connaissais moi-même.

PETIT-CERF.

Comment ?..

M. DE BREUIL.

Que voulez-vous dire ?

EDWARD.

Mon père et ma mère vivent-ils encore ? sont-ils morts ? je ne sais, je ne les ai jamais connus.
de M. Edward, et j'ai perdu !...

2*

PETIT-CERF.

Je m'en doutais...

M. DE BREUIL.

Mais voilà qui ressemble furieusement au premier chapitre d'un roman.

EDWARD.

Roman bien vulgaire et bien triste.

M. DE BREUIL.

Mais enfin vous avez bien quelque parent, quelque ami , quelque indice.

EDWARD.

Rien, j'ai grandi dans une ferme, en Angleterre, au bord de la mer... On m'appelait comme on m'appelle encore, Edward. A dix ans on me fit entrer au collége d'Eaton ; à dix-huit on me fit partir pour la France que je n'ai plus quittée ; à ma majorité, il y a trois ans, un monsieur me dit : Vous êtes libre, chaque mois une somme de deux mille francs vous sera remise. S'il vous plaît de choisir un état ou de voyager, vous êtes le maître... Là-dessus il me serra la main et partit.

M. DE BREUIL.

Et depuis lors ?

EDWARD.

Depuis lors j'ai vécu ; trois mots vous diront ma vie. Je cherche, j'attends et je n'espère plus.

M. DE BREUIL.

Mais le monsieur aux deux mille francs.

EDWARD.

Je l'ai revu quelquefois ; il s'appelle sir Patrick O'Neil ; c'est un irlandais ; quand j'ai besoin de lui parler, je fais insérer dans la *Gazette de France*, une note ainsi conçue : *M. E. désire parler à M. P. O. pour affaires concernant M. E.* Le lendemain M. Patrick O'Neil se présente chez moi.

M. DE BREUIL, *écrivant.*

Attendez, attendez... Patrick O'Neil, dites-vous ?

EDWARD.

Oui !

M. DE BREUIL.

Ma foi, je ne serai pas fâché de voir quelle figure a ce monsieur-là.

EDWARD.

Que faites-vous ?

M. DE BREUIL.

Je lui donne rendez-vous chez moi, et ce sera bien le diable
s'il ne parle pas.

EDWARD.

Voilà dix ans qu'il résiste à toutes mes prières..

M. DE BREUIL.

Vous ne connaissez pas M. de Breuil! j'en ai vu bien d'autres! Les mystères et moi nous avons de singulières affinités!
Ah! M. Edward, si vous avez quelque part un père vivant, fût-
il capitaine négrier ou shah de Perse, je saurai bien le déni-
cher...

EDWARD.

Quelle reconnaissance ne vous devrai-je pas!

M. DE BREUIL.

Pardieu! vous me devrez une famille, père, mère, oncle,
tante, et des cousins par douzaines!.. Votre existence est un
labyrinthe... Bien, votre irlandais sera mon fil!..

SCÈNE IX.

LES MÊMES, Mme DE CHARMIEU, ÉLISE.

MADAME DE CHARMIEU.

Mais arrivez donc! j'ai fait trois bouquets au lieu d'un et la
crême refroidit.

M. DE BREUIL.

Ma fille, M. Edward, un de nos voisins, qui déjeune avec
nous.

ÉLISE, *suluant.*

Monsieur!

PETIT-CERF, *bas à Élise.*

C'est lui!

ÉLISE, *bas.*

Le mari que tu as choisi?

PETIT-CERF, *de même.*

Oui.

ÉLISE, *de même.*

Et tu crois qu'il refusera.

PETIT-CERF, *de même.*

Parbleu!... c'est convenu.

ÉLISE, *de même.*

Ah!

M. DE BREUIL, *qui a sonné, appelant.*

Eh ! Benjamin, portez cette lettre au bureau de la *Gazette de France.* A présent, allons déjeuner... M. Edward, votre bras à ma fille.

MADAME DE CHARMIEU, *bas à M. de Breuil.*

Vous la mariez donc ?

M. DE BREUIL.

Peut-être !

MADAME DE CHARMIEU.

Vous n'êtes pas un père... vous êtes un boureau.

ELISE, *se retournant, à Petit-Cerf.*

Viens-tu ?

PETIT-CERF.

Tout de suite... J'ai là un coup à jouer pour l'amiral... le chambellan du roi de Prusse n'a qu'à bien se tenir.

M. DE BREUIL, *s'en allant.*

Quand il joue, ce n'est pas un homme, c'est un roc !... il faudrait le faire sauter !

SCÈNE X.

PETIT-CERF, *un peu après,* M. PATRICK O'NEIL.

PETIT-CERF.

Voilà le pion du fou, là... et gare à ma main gauche !

PATRICK, *entrant.*

M. de Breuil, s'il vous plait ?

PETIT-CERF, *sans se déranger.*

Il déjeune... et quand M. de Breuil déjeune... vous comprenez, un ancien fonctionnaire !..

PATRICK.

C'est sacré... Les déjeuners sont comme les mariages... si on les interrompt... on ne les recommence pas... Je me retire.

PETIT-CERF, *de même.*

Vous avez à parler à M. de Breuil ?

PATRICK.

Non, c'est M. de Breuil qui a à me parler.

PETIT-CERF.

Ah !... et vous vous appelez ..?

PATRICK.

Sir Patrick O'Neil.

PETIT-CERF.

Sir Patrick... Ah! diable! Pardon... M. de Breuil, en effet, désire vivement causer avec vous.

PATRICK.

Je le savais...

PETIT-CERF.

Alors, donnez-vous donc la peine... je vais..

PATRICK.

Non pas, vraiment... Quand je déjeune, si quelqu'un avait l'impertinence de me déranger, je jetterais ce quelqu'un par la fenêtre.

PETIT-CERF.

Et monsieur demeure...?

PATRICK.

Au deuxième, au-dessus de l'entresol.

PETIT-CERF.

Diable!

PATRICK.

M. de Breuil est là, en famille, avec sir Edward et madame de Charmieu.

PETIT-CERF.

On vous a dit...

PATRICK.

Rien; mais je sais tout... il s'agit d'un mariage? Bien, je reviendrai... dans une heure ou deux... Ah! à propos, n'envoyez rien à la *Gazette de France*.

PETIT-CERF.

C'est déjà fait.

PATRICK.

Tant pis; ce sera un avertissement perdu... (*Regardant l'é-- chiquier.*) Tiens, un échiquier... une partie commencée, on joue donc ici.

PETIT-CERF, *se redressant.*

Quelquefois, et, sans vanité, pas mal.

O'NEIL.

Ah! (*S'approchant du jeu.*) Hum! les noirs gagneront.

PETIT-CERF.

Qu'en savez-vous?

O'NEIL.

Je le vois.

PETIT-CERF.

Voilà qui est plaisant! ma main droite, qui joue pour les noirs, ne le sait pas.

O'NEIL.

C'est qu'alors votre main droite n'y entend rien.

PETIT-CERF.

Monsieur joue donc !

O'NEIL.

Je ne joue plus ; il n'y a plus de joueurs.

PETIT-CERF.

Il y a moi.

O'NEIL.

Ah ! il y a vous ! Pourrai-je vous demander, Monsieur, com-
vous vous appelez ?

PETIT-CERF.

Antoine Petit-Cerf...

O'NEIL, *vivement.*

Petit-Cerf ! le joueur qui a gagné le prix au grand concours
ouvert, en 1840, à Dublin.

PETIT-CERF.

Lui-même.

O'NEIL.

Si je l'avais su plus tôt, voilà longtemps que j'aurais fait
votre connaissance... (*lui tendant la main.*) Permettez-moi,
monsieur, de serrer la main d'un maître.

PETIT-CERF.

Avec plaisir ! Et vous croyez que les noirs gagneront.

O'NEIL

A coup sûr.

PETIT-CERF.

Quand Petit-Cerf joue contre.., je voudrais voir ça.

O'NEIL.

Vous le verrez. (*Saluant.*) Monsieur...

PETIT-CERF.

Mais, Monsieur... permettez... les blancs...

PATRICK.

Dans une heure, Monsieur, la conversation avec M. de Breuil,
et dans une heure et demie, avec vous, si vous voulez, échec
et mat. (*Il salue et sort.*)

ACTE II.

—

(Même Décor).

SCÈNE 1re

PETIT-CERF. M. DE BREUIL.

M. DE BREUIL, *entrant de gauche.*

Tu dis donc qu'il va revenir...

PETIT-CERF, *tirant sa montre.*

Dans une minute.

M. DE BREUIL.

Bien !... j'ai laissé ces deux jeunes gens dans la serre... premiers soupirs... premiers lilas... Ma sœur est toute à ses roses ; le champ de bataille est libre, et si, comme j'en suis sûr, M. Patrick O'Neil parle, ma foi, nous verrons. — Il te disait donc ?...

PETIT-CERF.

Pardieu ! il m'a dit : les noirs gagneront. — Gagner l'amiral... comprenez-vous cela, vous ?

UN DOMESTIQUE, *annonçant.*

M. Patrick O'Neil.

SCÈNE II.

LES MÊMES SIR PATRICK O'NEIL.

M. DE BREUIL.

Ah ! monsieur, je suis ravi de vous voir ! Nous allons causer, si vous le permettez.

O'NEIL.

Tant qu'il vous plaira, monsieur.

M. DE BREUIL.

Petit-Cerf, tu diras à M. Edward qu'il ne s'engage pas, je le garde à dîner.

PETIT-CERF, *s'éloignant.*

Les noirs gagneront ! l'impertinent ! (*à O'Neil*). Je vous dis, moi, que ce seront les blancs.

O'NEIL, *secouant la tête..*

Imposssible ! (*Petit-Cerf sort.*

SCÈNE III.

M. DE BREUIL, O'NEIL.

M. DE BREUIL.

Veuillez vous asseoir, monsieur.

O'NEIL.

Me voilà assis, monsieur.

M. DE BREUIL.

Vous avez deviné, sans doute, le motif qui m'a fait désirer cet entretien.

O'NEIL.

Vous ne pensiez pas à me le demander, que je savais déjà qu'il aurait lieu.

M. DE BREUIL.

Ah ! je ne comprends pas.

O'NEIL.

C'est fort clair... Sir Edward rencontre mademoiselle de Breuil, et il se prend à l'aimer... rien de plus naturel... L'aimant, il cherche à la revoir... peut-être même lui plaît-il un peu... Là-dessus, M. de Breuil fait causer le jeune amoureux... Il apprend qu'un mystère enveloppe sa naissance, et tout naturellement, l'ancien secrétaire-général de la police se charge de percer ce mystère, pour voir si un mariage ne pourrait pas en sortir. — De la présence de sir Edward chez M. de Breuil à cette conclusion, il n'y avait qu'un pas. — Le voilà franchi.— Allez, monsieur, je vous écoute.

M. DE BREUIL.

Et c'est pour éviter toute démarche inutile et toute perte de temps fâcheuse que vous êtes venu avant même le premier avertissement.

O'NEIL.

On se doit de ces égards entre gentlemen.

M. DE BREUIL.

Fort bien. — Alors, monsieur, vous me permettrez sans doute de vous adresser force questions sur M. Edward.

O'NEIL.

Je vous le permets.

M. DE BREUIL.

M. Edward, mon voisin, est un jeune homme charmant.

O'NEIL.

Tout-à-fait.

M. DE BREUIL.

Je ne le connais que depuis quelques heures et je l'aime comme si je le connaissais depuis six mois.

O'NEIL.

Et moi qui le connais depuis vingt ans, je ne le déteste pas... c'est bien plus fort !

M. DE BREUIL.

Vous ne serez donc pas surpris, qu'ayant pour lui cette sympathie, je désire lui rendre service.

O'NEIL.

Rien ne me surprend, pas même les bonnes pensées et les bonnes actions. Vous pouvez parler.

M. DE BREUIL.

M. Edward m'a confessé qu'il ne connaissait ni son père ni sa mère ; or on a toujours un père et une mère.

O'NEIL.

C'est probable...

M. DE BRUIL.

Il a ajouté que vous étiez seul en situation de lui dire la vérité.

O'NEIL.

Il ne vous a pas trompé.

M. DE BREUIL.

Cette vérité, monsieur, je me suis chargé de vous la demander.

O'NEIL.

Voilà justement la seule chose qu'il ne me soit pas permis de vous accorder. (*Il se lève.*)

M. DE BREUIL.

(*A part.*) Qu'est-ce que c'est que cet original là !.. (*haut*) Quoi ! vous ne voulez pas ?...

O'NEIL.

Eh ! monsieur , il s'agirait du roi de Prusse et de ses vingt-cinq millions de prussiens que je ne parlerais pas ! Est-ce là tout ce que vous aviez à me demander ?

M. DE BREUIL.

Est-ce là tout ce que vous aviez à m'apprendre ?

O'NEIL.

Tout.

M. DE BREUIL.

Et c'est pour cela que vous avez eu la complaisance de hâter le rendez-vous que j'allais vous demander?

O'NEIL.

Oui, monsieur, pour vous épargner des recherches inutiles, et couper court à des enquêtes qui n'aboutiraient pas... Sir Edward est charmant, vous l'avez dit... S'il vous plaît comme cela, prenez le... s'il ne vous plaît pas, renoncez-y.

M. DE BREUIL.

Ainsi vous vous refusez positivement à parler?

O'NEIL.

Positivement.

M. DE BREUIL.

Eh bien! morbleu! j'y mettrai de l'entêtement et vous verrez de quel bois se chauffe un ancien secrétaire général de la police.

O'NEIL.

Nous verrons.

M. DE RREUIL.

Je vais mettre mes gens en campagne.

O'NEIL.

Mettez.

M. DE BREUIL.

Et bon gré malgré je saurai tout.

O'NÈIL, saluant.

Tout... ou rien.

SCÈNE IV.

M. DE BREUIL, O' NEIL, MADAME DE CHARMIEU.

MADAME DE CHARMIEU, cognant après avoir ouvert.

Peut-on entrer?

M. DE BREUIL.

Il est temps de le demander!

MADAME DE CHARMIEU.

Bonjour, mon frère; vous me voyez exaspérée... je viens de recevoir une nouvelle insulte, c'est-à- dire une nouvelle galanterie de mon persécuteur... Hier j'exprime le désir d'aller ce soir à l'opéra; on y donne une de ces représentations phéno- mènales qui font courir tout Paris, un opéra nouveau avec un ténor tout'neuf; on s'arrachait les places et il n'y en avait plus depuis quinze jours... mon bourreau m'entend et voilà qu'ici, chez-vous...

O'NEIL, *saluant.*

Vous recevez cette loge impossible!

MADAME DE CHARMIEU.

Quoi! vous ici?...

O'NEIL.

A moins que ce ne soit mon ombre... je ne vois pas...

MADAME DÊ CHARMIEU.

Mon ennemi chez mon frère! mais vous me poursuivez donc jusqu'au sein de ma famille!... c'est une invasion!

M. DE BREUIL.

Vous connaissez, monsieur.

MADAMÉ DE CHARMIEU.

Hélas!

M. DE BREUIL, *raillant.*

Un homme charmant... le plus aimable caractère. (*Il va s'as-seoir.*)

O'NEIL.

Vous me flattez... pourquoi faut-il que madame de Char-mieu ne partage pas cette bonne opinion!...

MADAME DE CHARMIEU.

Oh! de ce côté là vous n'avez rien à me reprocher... je vous déteste cordialement.

O'NEIL.

Voilà qui me rassure.

MADAME DE CHARMIEU.

Hein?

O' NEIL.

Continuez, madame, et comme je nourris des sentiments tout contraires, nous finirons par nous rencontrer aux deux extré-mités de la ligne.

MADAME DE CHARMIEU.

Prenez garde si nous nous rencontrons jamais ce sera un duel!... et je vous punirai...

O' NEIL, *riant.*

Qui aime bien châtie bien.

MADAME DE CHARMIEU.

Vous êtes insupportable!

M. DE BREUIL, *se levant.*

Ah! monsieur me défie... regardez ces lettres..... j'écris à mes élèves: des gens sûrs et discrets qui devinent tout...

O' NEIL.

Voilà une habileté qui me ferait peur si j'avais travaillé à son éducation.

M. DE BREUIL.

Vous raillez...(*appelant*) Eh ! Petit-Cerf !

SCÈNE V.

LES MÊMES, PETIT-CERF.

PETIT-CERF.

Qu'est-ce ?

M. DE BREUIL.

Examine ces lettres... vois si je n'ai oublié personne; puis, porte les toi-même ; tu diras à ces messieurs que je compte sur leur zèle (*Petit-cerf met les lettres en ordre.*)

O'NEIL.

Ce sera cher.

MADAME DE CHARMIEU.

Si c'est quelque chose dont le résultat puisse-être désagréable à M. O' Neil, je suis de moitié dans les frais.

O'NEIL.

Vous occuper de moi ! ah ! c'est me prouver que vous y pensez.

M. DE BREUIL.

Moi, je vais à la préfecture... et je parie dix louis contre un petit écu que je saurai la vérité avant ce soir.

O'NEIL.

Ne pariez pas, vous perdriez.

M. DE BREUIL.

Je perdrai !

O'NIEL.

Oui.

M. DE BREUIL.

Eh bien ! monsieur, il est deux heures... si vous voulez prendre la peine de revenir à quatre, je vous donnerai la preuve du contraire... voilà dix louis.

O'NEIL, *s'adressant à Petit-Cerf.*

J'y ajoute mon petit écu.. prenez, monsieur, c'est de l'argent que vous distribuerez aux pauvres en mon nom.

PETIT-CERF, *à part*.

Cet homme m'agace... je voudrais avoir avec lui un duel aux échecs !

MADAME DE CHARMIEU.

Oh ! que j'aurai de joie à vous voir confondu !

O'NEIL.

Alors, revenez, madame, et j'aurai deux plaisirs à la fois, celui de gagner et celui de vous revoir.

M. DE BREUIL, *brusquement*.

Adieu, monsieur.

O'NEIL.

Au revoir, monsieur.

MADAME DE CHARMIEU.

Moi, je vais faire ma toilette pour l'opéra. (*A Petit-Cerf.*) Et je reviens prendre Élise. .

O'NEIL.

Il fait un peu crotté, madame, et votre voiture n'est pas à la porte : me permettez-vous de mettre la mienne à votre disposition ?

MADAME DE CHARMIEU.

Je ne vous permets rien.

O'NEIL.

Voyez, si j'étais fat ! je pourrais croire que vous me craignez... vous me comblez aujourd'hui...

MADAME DE CHARMIEU, *vivement*.

Moi !... vous craindre... vous !... donnez-moi votre bras, monsieur...

O'NEIL, *en s'en allant, regarde l'échiquier*.

C'est égal, les noirs gagneront ! (*Ils sortent.*)

SCÈNE VI.

PETIT-CERF, peu après ÉLISE.

PETIT-CERF.

Les noirs gagneront ! les noirs gagneront ! gagner ma main gauche... S'il revient, je le provoque et je le fais mat en dix coups...

ÉLISE.

Mon père est donc parti ?

PETIT-CERF.

Oui, mademoiselle et je pars aussi...

ÉLISE.

Auparavant écoute un peu.

PETIT-CERF

Qu'est-ce ?

ÉLISE.

M. Edward est toujours là bas ?

PETIT-CERF.

Eh bien ?

ÉLISE.

Tu crois toujours qu'il refusera ?

PETIT-CERF.

Toujours.

ÉLISE.

Moi, je crois que tu te trompes.

PETIT-CERT.

Ah !

ÉLISE.

Et voila ce qui m'effraie !...

PETIT-CERF.

Il n'y a pas de quoi !

ÉLISE.

Vraiment ! après ce que je t'ai dit... tu veux donc que ce soit moi qui dise non ?

PETIT-CERF.

Bah ! bah !

ÉLISE.

Comment bah !

PETIT -CERF.

Et oui ! il pleut un matin, il vente un autre ; le printemps vient après l'hiver et comme dit le proverbe : « Tel qui rit vendredi, dimanche pleurera ! » Tout se dérange et tout s'arrange... bonsoir mademoiselle.

ÉLISE.

Petit-Cerf !

PETIT-CERF.

Bonsoir ! bonsoir !

SCÈNE VII.

ÉLISE, un peu après EDWARD.

ÉLISE.

Il ne m'écoute pas !... et il est déjà loin... moi qui comptais sur lui... comment faire à présent... ce pauvre M. Edward à l'air si malheureux... le voici ! (*Elle s'assied vivement et feint de travailler.*)

EDWARD.

Vous êtes seule, mademoiselle.

ÉLISE.

Oui, monsieur, seule...

EDWARD.

Je venais vous remercier de votre bon accueil, et vous faire mes adieux.

ÉLISE.

Eh ! mon Dieu ! de quel air vous me dites cela ; vous serait-il arrivé quelque chose ?

EDWARD.

Je viens de rencontrer votre père... il a causé longtemps avec sir Patrick O'Neil.

ÉLISE.

Oui, je sais.

EDWARD.

Et sir Patrick O'Neil a été impénétrable ! je m'y attendais et cependant jamais peut-être ce silence ne m'a fait éprouver plus de douleur.

ÉLISE.

Monsieur Edward !

EDWARD.

J'ai fait un rêve... il vient de s'éteindre... c'est le premier... ce sera certainement le seul de ma vie.

ÉLISE, *à part.*

Oh ! le cœur me bat !

EDWARD.

Et cependant il ne tiendrait qu'à moi de me rattacher à l'espoir... En me quittant, tout à l'heure, votre père m'a dit : voyez ma fille... attendez-moi près d'elle, et surtout, quoiqu'il arrive, ne vous laissez pas abattre...

ÉLISE.

Il vous a dit cela ?

EDWARD.

Comme je vous le répète ! je lui ai pris les mains ; il m'a embrassé et je suis venu, le cœur tout palpitant, l'âme bouleversée et tout à la fois le plus heureux et le plus malheureux des hommes !

ÉLISE, *se levant.*

Monsieur Edward, vous avez été franc avec moi, je serai

franche avec vous. Ce rêve que vous aviez fait, ne le regrettez
pas trop... il était impossible à réaliser.

EDWARD.

Je ne vous comprends pas!...

ÉLISE.

Mon repos, le repos de ma conscience, de ma vie, je confie
tout à votre loyauté! Monsieur Edward, si mon père vous
parle encore ainsi qu'il l'a fait déjà; s'il va plus loin, et je m'en
doute assez, car il vous aime... vous trouverez un motif pour
refuser... il le faut... je ne m'appartiens plus!

EDWARD.

Que dites-vous?

ÉLISE.

Je me suis donnée à Dieu, longtemps, bien longtemps avant
de vous connaître, un vœu me lie, un vœu sacré prononcé...
librement... comprenez-vous maintenant pourquoi vous n'avez
rien à regretter.

EDWARD.

Hélas!

ÉLISE.

Vous avez mon secret, ayez du courage pour nous deux.

EDWARD.

Ce que vous me demandez je le ferai, je vous le jure...

ÉLISE.

Votre main, M. Edward... et maintenant adieu.

EDWARD.

Adieu.

SCÈNE VIII.

LES MÊMES, M. DE BREUIL.

M. DE BREUIL, *qui vient d'entrer.*

Comment adieu!... du tout!... vous, d'abord, vous dinez ici;
J'ai de nouveaux renseignements à vous demander..... (*Posant
sa canne et son chapeau.* J'arrive de la préfecture de police...
rien! j'ai bousculé dix cartons!... Ah! bien oui! pas une trace!
pas un indice! pas le moindre Edward, pas le plus petit O'Neil!

ÉLISE, *à part.*

Pauvre jeune homme!

EDWARD.

Vous le voyez, Monsieur, il faut y renoncer!...

M. DE BREUIL.

Non pas! cette affaire-là m'appartient, elle devient mienne;
vous êtes ma pièce de conviction et je vous garde.

SCÈNE IX.

LES MÊMES, PETIT-CERF.

PETIT-CERF.

Voilà qui est fait; mes gens ont reçu vos lettres et ils sont
en campagne... Le Patrick O'Neil n'a qu'à se bien tenir.

M. DE BREUIL.

C'est une chasse, pardieu, et nous forcerons le renard.

EDWARD.

Merci, monsieur; vos soins, l'amitié si dévouée que vous me
montrez, tout m'émeut profondément. Mais cessez, je vous en
prie, vos démarches sont inutiles et l'honneur me commande
de me retirer. (*Il remonte.*)

M. DE BREUIL.

L'honneur de qui, l'honneur de quoi? Chansons que tout
cela!

EDWARD.

Mais!...

M. DE BREUIL.

Quel têtu... êtes vous breton, M. l'anglais?...

EDWARD.

Oui...

M. DE BREUIL.

Bon! je suis provençal. Pierre contre caillou, nous verrons
qui l'emportera. (*Il le prend à part, [tous deux redescendent.*)

PETIT-CERF, *à Élise.*

Dites-donc, Mademoiselle... il y a du nouveau! Il vous sou-
vient de Monseigneur le cardinal Palafieri, et de la promesse
qu'il m'a faite.

ELISE.

Oui.

PETIT-CERF.

Chemin faisant, je suis entré chez lui, je lui ai exposé
votre situation... il a souri et en vertu des pouvoirs spirituels
qu'il tient du Saint-Père, il vous relève de vos vœux.

ÉLISE, *se relevant.*

Mais, c'est impossible!

PETIT-CERF, *tirant un papier de sa poche.*

En voici le bref en bonne forme. Ne lisez pas... C'est du latin ; mais en français, cela veut dire : *Mariez-vous.*

ÉLISE.

Ah ! Petit-Cerf ! (*Courant à son père et l'embrassant.*) Mon père !

M. DE BREUIL.

Eh bien ! qu'as-tu donc ?

ÉLISE.

Embrassez-moi, mon père... je ferai tout ce que vous voudrez. (*Elle se sauve en courant, M. de Breuil la suit des yeux.*)

PETIT-CERF, *à Edward.*

La voilà libre !

EDWARD.

Libre !

PETIT-CERF.

Eh ! oui ! un bref du Pape qui annule ses vœux et lui permet de disposer de son cœur et de sa main.

EDWARD, *à M. de Breuil.*

Mademoiselle Élise nous quitte ?...

SCÈNE X.

M. DE BREUIL, PETIT-CERF, EDWARD.

M. DE BREUIL.

Pauvre chère enfant !... vous avez vu son trouble... savez-vous ce qu'il veut dire ?... Il veut dire qu'elle ne vous déteste pas !

PETIT-CERF, *allant s'asseoir à son échiquier.*

M. DE BREUIL.

Oh ! non ; l'obstacle vient donc du côté de la famille, et il est grave.

EDWARD.

Monsieur...

M. DE BREUIL.

Mais comme on ne trouve pas tous les jours un gendre fait comme vous et qui ait le don de plaire à tout le monde... Je m'entête...

PETIT-CERF, *jouant.*

Et vous faites bien.

M. DE BREUIL.

Donc si je réussis, et je réussis toujours moi, je vous marie.

PETIT-CERF.

Et si vous ne réussissez pas, bon, vous les mariez encore.

M. DE BREUIL.

Ah ! permets... je ne dis pas... diable !

EDWARD.

Arrêtez, Monsieur, le refus ne viendrait pas de vous... que, dans une telle situation, il viendrait de moi...

PETIT-CERF.

Hein ?

M. DE BREUIL.

Voilà qui est merveilleux. Quoi ! si je disais oui, vous diriez non ?

EDWARD.

Je le dirais, Monsieur, dussé-je en mourir.

M. DE BREUIL.

Comprends-tu cela, toi, Petit-Cerf ?

PETIT-CERF.

Il y a des cas de folie spontanée.

EDWARD.

Un mot, Monsieur ; et peut-être me comprendrez-vous ! (*Petit-Cerf se lève.*)

M. DE BREUIL.

J'en doute, mais enfin parlez... refuser Élise ! Ah ! par exemple !

EDWARD.

Je vous dirai les choses simplement, mais sincèrement comme je les éprouve : Étant au collége d'Eaton, mes petits camarades m'appelaient Edward. Un jour, l'un d'eux me dit : Edward *et puis ?*... cet et puis me fit sauter le cœur... Vous me l'avez dit aussi tout à l'heure, monsieur !...

M. DE BREUIL.

Oh ! si j'avais su !...

EDWARD.

Oh ! je ne vous en veux pas ! mais je me suis juré à moi-même que ce que j'ai souffert ce jour-là, jamais un être que j'aimerai ne le souffrira à cause de moi... jamais une femme ne s'appellera madame Edward... jamais on ne dira à mon fils : Edward *et puis*... Dieu m'est témoin que j'aime mademoiselle Elise de toutes les forces de mon cœur, mais si je n'ai pas de fortune, pas de rang, pas de titre, je veux tout au moins offrir à celle qui m'acceptera pour époux, le patrimoine du pauvre, un nom !

PETIT-CERF.

Bon ! quand ce n'est pas elle, c'est lui !

M. DE BREUIL.

Vous êtes un brave garçon, et ce que vous me dites-là augmente mon estime pour vous...

EDWARD.

Eh bien ! monsieur, ce sera toujours cela de gagné, et si je ne suis pas votre fils, je serai tout au moins votre ami. (*Il remonte et cherche à cacher son émotion.*)

PETIT-CERF.

Il y a donc encore des honnêtes gens ?... (*Montrant Edward et M. Debreuil.*) Un et deux ; (*se montrant*) et trois !

M. DE BREUIL.

Et dire qu'il y a un homme qui pourrait d'un mot arranger tout cela ! Tenez, je crois que si M. Patrick O'neil s'obstine à garder le silence, je finirai par l'étrangler.

PETIT-CERF.

Mauvais moyen pour le contraindre à parler.

M. DE BREUIL.

En as-tu un autre, toi ?...

PETIT-CERF, *se frappant le front.*

Peut-être !

EDWARD.

Vous !...

PETIT-CERF.

Moi ! mais j'ai besoin que vous m'aidiez tous les deux.

M. DE BREUIL.

Nous sommes prêts !

EDWARD.

Que faut-il faire ?...

PETIT-CERF, *à Edward.*

Vous, faites-moi le plaisir d'aller rejoindre mademoiselle Elise... (*à M. de Breuil*) vous, ayez l'obligeance d'accompagner monsieur.

M. DE BRÉUIL.

Ah ! ça, mais il me semble que tu nous envoies ?...

PETIT-CERF.

C'est cela même.

M. DE BREUIL.

Mais...

PETIT-CERF.

Il n'y a pas de mais... Le muet va venir... et si je suis seul
avec lui, le muet parlera!... (*à part*), j'ai mon plan!...

Edward et M. de Breuil, sortent.

PETIT-CERF, *seul.*

Voici le moment du rendez-vous... à mon poste!

(*Il s'assied à son échiquier.*)

SCÈNE XI.

PETIT-CERF, O'NEIL.

O'NEIL, *entrant, et tirant sa montre.*

Quatre heures, je suis exact.

PETIT-CERF.

Très-exact.

O'NEIL.

M. de Breuil n'est pas rentré?

PETIT-CERF.

Il est rentré et il est reparti... mais il reviendra...

O'NEIL.

Et vous donnerez les dix louis aux pauvres.

PETIT-CERF.

Qui sait!...

O'NEIL.

Vous jouez encore...

PETIT-CERF, *à part.*

Voilà où je l'attends. (*Haut.*) Comme vous voyez...

O'NEIL.

Ah! il y a des changements... le fou de la reine blanche et
la tour, menacent le roi noir.

PETIT-CERF.

Oui...

O'NEIL.

Mais c'est égal et comme je vous l'ai dit, les noirs gagneront.

PETIT-CERF.

Encore à présent?

O'NEIL.

Plus que jamais.

PETIT-CERF.

Eh bien ! moi, je parie pour les blancs !

O'NEIL.

Décidément, M. Petit-Cerf, votre réputation vous éblouit.

PETIT-CERF, *se levant.*

Par hasard, serait-ce une provocation ?

O'NEIL.

Franchemement, oui !

PETIT-CERF.

Eh bien ! les deux armées sont en présence, prenez un commandement.

O'NEIL.

Je prends les noirs...

PETIT-CERF, *riant.*

On dirait que votre armée porte déjà le deuil de sa défaite.

O'NEIL.

Et vos blancs ! ils sont déjà pâles de terreur. (*Ils s'asseoient.*)

PETIT-CERF.

Ça, M. Patrick O'neil, en jouant contre vous, convenez tout au moins que je vous fais un grand honneur.

O'NEIL.

Honneur très-grand, qui pourrait vous coûter très-cher.

PETIT-CERF.

Oui da ! Eh bien, M. l'Irlandais, je ne consens à jouer qu'à une condition.

O'NEIL.

Voyons la condition.

PETIT-CERF.

Je vous joue votre secret.

O'NEIL.

C'est-à-dire, celui de M. Edward.

PETIT-CERF.

Oui.

O'NEIL.

Et vous tenez pour les blancs !

PETIT-CERF.

Oui.

O'NEIL.

Eh bien, j'accepte ; si vous gagnez vous avez le secret, et si je gagne...

PETIT-CERF.

Vous aurez la gloire d'avoir vaincu le vainqueur du concours donné par la société royale de Dublin, votre patrie, ce
sera une revanche.

O'NEIL.

Allons, le secret d'un côté, la gloire de l'autre.

PETIT-CERF.

Chacun se bat pour ce qu'il n'a pas!... à vous. (*Ils commen-
cent.*)

SCÈNE XII.

LES MÊMES, MADAME DE CHARMIEU.

MADAME DE CHARMIEU, *ouvrant la porte.*

Petit-Cerf?...

PETIT-CERF.

Madame?

MADAME DE CHARMIEU, *entrant.*

Quoi! vous jouez... et contre M. Patrick O'neil encore?

O'NEIL.

Madame, j'ai l'honneur de vous saluer.

MADAME DE CHARMIEU.

Monsieur, j'ai le plaisir de ne pas vous répondre.

O'NEIL.

Mais au contraire, madame, puisque vous me parlez.

MADAME DE CHARMIEU.

Que se passe-t-il dans la maison? M. de Breuil tempête et
jure... Elise soupire et pleure dans les petits coins...

PETIT-CERF, *distrait.*

Bon! M. de Breuil aura parlé. Quel fou!

O'NEIL.

Je prends le vôtre...

PETIT-CERF.

Le mien! Echec à la dame, alors.

O'NEIL.

Alors échec au roi.

MADAME DE CHARMIEU.

A-t-on idée de cela! Vous vous acharnez à pousser ces petits
bons hommes quand je vous parle de la maison, où tout est
en l'air! je suis sûre que c'est monsieur qui a fait tout le

                DONNANT, DONNANT.

mal.

PETIT-CERF.

Parbleu !

MADAMÉ DE CHARMIEU.

L'horrible homme ! Tenez, je vous déteste.

O'NEIL.

Un sentiment... c'est déjà quelque chose...

MADAME DE CHARMIEU.

Elise est au désespoir... Elle est pâle à faire peur.

PETIT-CERF, *levant la tête.*

Elise !

MADAME DE CHARMIEU.

Tout-à-l'heure elle vient de s'évanouir.

PETIT-CERF.

S'évanouir... (*Il joue brusquement.*)

O'NEIL.

Echec encore.

PETIT-CERF.

Diable ! comment va-t-elle ?

MADAME DE CHARMIEU.

Un peu mieux... mais pas très-bien.

PETIT-CERF, *se levant à demi.*

Ah ! mon Dieu ! il faut cependant...

O'NEIL.

Echec et mat.

PETIT-CERF.

Mat...

O'NEIL.

Eh ! oui !

MADAME DE CHARMIEU.

Et qu'est-ce que ça nous fait, votre échec et mat !...

O'NEIL.

Vous n'avez pas voulu me croire, M. Petit-Cerf, quand je
vous disais : Les noirs gagneront !

PETIT-CERF.

Perdu ! j'ai perdu !...

MADAME DE CHARMIEU.

Eh bien, après?...

PETIT-CERF, *avec colère.*

Mais vous ne comprenez pas !... Je viens de jouer le secret

MADAME DE CHARMIEU.

Quoi!... c'était ça?...

PETIT-CERF.

Eh! oui! et grâce aux distractions que vous m'avez causées,
voilà le mariage de ces pauvres enfants rompu.

MADAME DE CHARMIEU.

Oh! mon Dieu! et c'est moi?...

PETIT-CERF.

Parbleu!...

MADAME DE CHARMIEU.

Eh bien! si j'ai fait le mal, je le réparerai.

PETIT-CERF.

Allons donc!

MADAME DE CHARMIEU, *à O'Neil.*

Monsieur mon ennemi, voulez-vous m'accorder un instant
d'entretien?

O'NEIL.

Une heure, un jour, un an, si la chose vous plaît.

MADAME DE CHARMIEU.

Vous êtes trop généreux, un quart-d'heure me suffira... (*à
Petit-Cerf.*) Vous, rassurez mon frère, consolez Elise, dites à
M. Edward qu'aujourd'hui même il aura un nom... ou que j'y
perdrai le mien.

PETIT-CERF.

C'est donc sérieux, et vous avez quelque espoir d'amener
M. Patrick O'Neil...

MADAME DE CHARMIEU.

Croyez-vous donc qu'il faille porter une redingote noisette et
un gilet blanc, pour s'entendre aux choses. Seulement, quand
l'affaire sera conclue, vous ferez de cette historiette un chapitre pour le livre de la morale en action... (*Elle le pousse dehors.*)

SCÈNE XIII.

MADAME DE CHARMIEU, PATRICK O'NEIL.

MADAME DE CHARMIEU.

A nous deux maintenant.

O'NEIL.

Nous? vous dites, nous, à propos de vous et moi!... Ce mot
est d'un heureux augure.

MADAME DE CHARMIEU.

Taisez-vous, et prenez un siége..

O'NEIL.

Il est pris.

MADAME DE CHARMIEU.

Approchez-vous... (*O'neil se met contre madame de Charmieu*).
Pas si près.

O'NEIL.

Vous m'aviez dit d'approcher et j'obéissais.

MADAME DE CHARMIEU.

Alors, n'obéissez pas tant et mettez-vous à une distance
respectueuse.
(*O'neil cherche à quel endroit il doit poser la chaise qu'il tient.*)

MADAME DE CHARMIEU.

Eh bien?... qu'est-ce que vous faites?...

O'NEIL, *tenant sa chaise.*

A quelle distance mettez-vous le respect?

MADAME DE CHARMIEU.

Vous m'impatiez... Asseyez-vous-là.

O'NEIL.

J'y suis.

MADAME DE CHARMIEU.

Regardez-moi bien, monsieur Patrick O'neil...

O'NEIL.

Il y a longtemps que c'est commencé, mais cela durera tant
que vous voudrez.

MADAME DE CHARMIEU,

Etes-vous très-décidé à garder pour vous seul le secret de la
naissance de monsieur Edward.

O'NEIL.

Très-décidé, madame.

MADAME DE CHARMIEU.

Et vous ne le trahirez à aucun prix?

O'NEIL.

Aucun.

MADAME DE CHARMIEU.

Tant pis.

O'NEIL.

Pour monsieur Edward?

MADAME DE CHARMIEU.

Non, pour vous.

O'NEIL.

Voilà qui est curieux! qu'ai-je à voir, s'il vous plaît, dans le secret de monsieur Edward..?

MADAME DE CHARMIEU.

Plus que vous ne pensez. Ce jeune homme m'intéresse, vous le savez... il est aimé de ma nièce que j'aime beaucoup... un obstacle s'oppose à leur union... rien peut-être ne m'eût couté pour lever cet obstacle...

O'NEIL.

Rien... Prenez-garde! cela veut dire beaucoup!

MADAME DE CHARMIEU.

Mettez que cela veut dire tout.

O'NEIL.

Ah!

MADAME DE CHARMIEU

Mais puisque c'est impossible, n'en parlons plus...

O'NEIL.

Au contraire, parlons-en.

MADAME DE CHARMIEU.

Je me disais : leur bonheur dépend d'un galant homme qui m'assure en tout lieu et à toute heure de son attachement.

O'NEIL.

Voilà un mot bien modeste... Amour vaudrait peut-être mieux.

MADAME DE CHARMIEU.

Vous croyez?... De son amour, alors; un tel homme, ajoutais-je, ne peut rien me refuser, et moi, pour prix d'une telle complaisance, dont je saurai apprécier tout le mérite, il n'est rien à mon tour que je ne fasse; mais puisqu'il est inflexible...

O'NEIL.

Permettez! à vous entendre on me prendrait pour un chêne...

MADAME DE CHARMIEU.

Et je n'aime que les roseaux, je vous en avertis...

O'NEIL.

Oh! madame, si vous me laissiez seulement espérer que le don de votre main...

MADAME DE CHARMIEU.

Et pourquoi non?... me croyez-vous incapable des plus beaux dévouements? mais non, monsieur résiste... monsieur est comme un sénateur dans sa chaise curule...

O'NEIL.

Ah! vous m'en direz tant... le sénateur se lève... (*Il se lève.*)

MADAME DE CHARMIEU.

Et il parlera?

O'NEIL.

Et il se mariera?

MADAME DE CHARMIEU.

Puisque c'est convenu... voyons, monsieur Edward?

O'NEIL.

Monsieur Edward! monsieur Edward! voilà qui est bientôt dit, mais.

MADADE DE CHARMIEU.

Qui vous arrête?...

O'NEIL.

En vous parlant, je viole une promesse...

MADAME DE CHARMIEU.

Est-ce qu'en vous épousant, je ne manque pas à tous mes serments!... mettons nos deux trahisons ensemble, et n'en parlons plus.

O'NEIL.

Mais peut-être vous attendez-vous à quelque histoire bien dramatique?

MADAME DE CHARMIEU.

Je m'attends!... je m'attends à mourir d'impatience... Vous auriez déjà dû finir...

O'NEIL.

M'y voici!... En 1837, au mois d'avril, un de mes amis, le comodore Harrison, de la marine royale d'Angleterre, me pria de passer chez lui, toute affaire cessante; il m'attendait au fond du faubourg du Roule, dans un vieil hôtel qu'il habitait depuis longtemps. Mon cher Patrick, me dit-il, vous voyez un homme mort, j'ai un anévrisme; le médecin sort d'ici et je suis condamné. Et comme je cherchais à lui donner d'autres idées, il m'interrompit : laissons tout cela, j'ai compté sur vous pour un service que vous êtes seul en position de me rendre. Vous allez partir sur-le-champ pour l'Angleterre... Là, dans une ferme dont voici l'adresse, vous trouverez un enfant du nom d'Edward, je vous le confie... partez vite, et conduisez-le au collège d'Eaton... Voilà des papiers qui le concernent.

MADAME DE CHARMIEU.

Et ces papiers?...

O'NEIL, *tirant des papiers de sa poche.*

Les voici.

MADAME DE CHARMIEU.

Donnez...

O'NEIL.

Et de plus un titre de rente dont le capital, quoiqu'il arrive, est inaliénable ; vous serez le guide d'Edward jusqu'à sa majorité ; alors il sera libre... mais sous aucun prétexte vous ne prononcerez mon nom et ne lui parlerez jamais de ce qui s'est passé entre nous. Maintenant, partez et revenez promptement... peut-être aurai-je quelque chose de plus à vous dire à votre retour. — Je partis, l'enfant était à la ferme, fort, robuste et charmant...

MADAME DE CHARMIEU.

Il promettait ce qu'il a tenu...

O'NEIL.

Il me plut tout de suite, et je le menai à Eaton. — Le mystère de sa naissance me préoccupait et je ne perdis pas une minute pour retourner à Paris.

MADAME DE CHARMIEU, *vivement.*

Ah !

O'NEIL.

A mon arrivée, je trouvai le commodore... mort.

MADAME DE CHARMIEU.

Par exemple !.. Et puis ?..

O'NEIL.

Rien.

MADAME DE CHARMIEU.

Comment rien ?

O'NEIL..

Ma foi, non.

MADAME DE CHARMIEU.

Pas un testament... pas une lettre !

O'NEIL

Pas une ligne, pas un mot...

MADAME DE CHARMIEU.

C'est là tout ce que vous aviez à m'apprendre ?

O'NEIL.

Oui.

MADAME DE CHARMIEU.

Et vous appelez ça un secret ?

O'NEIL.

Mais il me semble que le secret est assez embrouillé, puisque je n'y comprends rien, moi qui le connais !

MADAME DE CHARMIEU.

Vous moquez-vous de moi ! Mais, monsieur, vous m'avez volée !.. Ma main contre un pareil secret ! c'est un marché de dupe !.. Voyez la belle affaire ! Etant donné un commodore, une ferme, de vieux papiers, on vous demande le nom du père et de la mère. — Votre charade n'a pas le sens commun!.. Non, non ! je ne me marie pas pour si peu.

O'NEIL.

Mais, madame, que voulez-vous de plus ?

MADAME DE CHARMIEU.

Ce que je veux ! mais un nom, monsieur, un nom de famille bien clair et bien sonnant? ne l'avez-vous pas compris?..

O'NEIL.

Ma foi, madame, je vous ai donné ce que j'avais.. tant pis pour mon secret, s'il n'est pas meilleur...

MADAME DE CHARMIEU.

Un beau secret vraiment ! un secret qui n'apprend rien... Et monsieur qui faisait le mystérieux, comme s'il avait les plus belles choses du monde à nous raconter...

O'NEIL.

Ah ! permettez ! je ne vous ai rien offert !

MADAME DE CHARMIEU.

Oui, mais vous avez tout accepté.

O'NEIL.

Connaissez-vous une âme en peine qui ait refusé d'entrer au paradis quand on lui en ouvrait les portes ?

MADAME DE CHARMIEU.

Eh bien ! monsieur, pour continuer la métaphore, vous permettrez à ces portes de se fermer...

O'NEIL.

Déjà!

MADAME DE CHARMIEU.

Donnant, donnant.—Voilà nos conventions ; vous ne donnez rien, je ne donne rien.

O'NEIL.

C'est une trahison !

MADAME DE CHARMIEU.

Prenez-le comme vous voudrez... mais je n'en démordrai pas... je n'ai point de prétention au désintéressement... vous n'avez rien à m'offrir... bonsoir...

SCÈNE XIV.

Mme DE CHARMIEU , PATRICK O'NEIL, M. DE BREUIL, PETIT-CERF.

M. DE BREUIL.

Eh bien !... je suis d'une impatience...

PETIT-CERF.

Avez-vous réussi ?... ces pauvres enfants sont-ils sauvés ?

MADAME DE CHARMIEU.

Avec monsieur ! est-ce que c'est possible ! n'est-il pas venu d'Irlande tout exprès pour me contrarier !

M. DE BREUIL.

Quoi ! pas un mot !

MADAME DE CHARMIEU.

Oh ! des mots... ce n'est pas ça qui manque... mais d'explication, point. Et moi qui étais allée jusqu'à lui promettre ma main en échange de ce beau secret !... et nos paroles échangées... il se trouve qu'il n'y a pas de secret !

PETIT-CERF.

Pas de secret ! Ainsi monsieur, quand je jouais contre vous ma réputation aux échecs, vous n'exposiez rien ! mais si vous aviez perdu, que m'auriez vous donc offert ?

O'NEIL.

Ce que j'ai donné à madame... des papiers !

MADAME DE CHARMIEU, *donnant les papiers à de Breuil.*

Oh ! un méchant acte de naissance, avec ces mots en anglais, *père et mère inconnus...* le renseignement est merveilleux !

O'NEIL.

Ma foi, madame, n'avez-vous pas quelque part un proverbe qui dit : *la plus belle fille du monde.....*

MADAME DE CHARMIEU.

Eh bien ! monsieur, passez votre chemin, vous et votre

proverbe: (*saluant*) je suis votre servante et ne vous retiens plus...

O'NEIL.

Eh! quoi! madame, rien ne peut vous fléchir!

MADAME DE CHARMIEU.

Je vous ai dit mon ultimatum... un nom ou la guerre!..

O'NEIL.

Un nom! un nom! Est-ce ma faute si monsieur Edward n'en a point!...

M. DE CHARMIEU.

Alors, adieu! je ne vous épouserai jamais...

O'NEIL, *vivement.*

Eh! bien, mordieu! voilà ce qui vous trompe, et bon gré mal gré vous serez ma femme. (*Il sort par la porte du fond et s'éloigne brusquement.*)

MADAME DE CHARMIEU, *revenant.*

Hein! voudrait-il m'enlever, par hasard!

SCÈNE XV.

Mme DE CHARMIEU, M. DE BREUIL, PETIT-CERF.

M. DE BREUIL, *frappant sur le papier.*

Quel grimoire! pas une syllabe qui ait une signification!

PETIT-CERF.

Mais enfin, il vous a parlé... quand il vous a remis cet acte, le sphinx a ouvert la bouche... Que vous a-t-il dit?

MADAME DE CHARMIEU.

Eh! le sais-je! une histoire à n'y rien comprendre!... le collége d'Eaton... une ferme en Angleterre, et au beau milieu de tout cela un commodore, le commodore Harrisson.

PETIT-CERF.

Le commodore Harrisson, dites-vous?

MADAME DE CHARMIEU.

Oui.

M. DE BREUIL, *à part.*

Voilà qui est singulier!

PETIT-CERF

Qui demeurait dans un vieil hôtel, au fond du faubourg du Roule?

MADAME DE CHARMIEU.

Précisément, mais...

PETIT-CERF, *l'interrompant*

Et c'est lui qui a remis ces papiers à sir Patrick O'Neil... alors plus de doute! le commodore Harrisson est le père de sir Edward.

M. DE BREUIL, *qui a écouté avec une grande attention.*

Que dis-tu?

PETIT-CERF.

Je dis ce qui est... j'avais fait la connaissance du commodore à Londres, un homme atrabilaire, toujours seul, un ours en habit bleu et en culotte de nankin, et je jouais quelquefois sa partie... Il y a longtemps de cela; un an ou deux avant d'entrer chez vous, ma foi. — C'était un beau joueur mais de seconde force, pas de principe et trop d'élan...

MADAME DE CHARMIEU.

Au fait! au fait! et laisse là tes échecs.

M. DE BREUIL.

Oui, oui! et va droit au but.

PETIT-CERF.

Oui, je vais droit... à mon bureau... où se trouvent les quelques mots qu'il traçait d'une main débile la dernière fois que je le vis.

MADAME DE CHARMIEU.

Donnne!.. donne!.. (*Elle lit.*)
« J'ai un fils en Angleterre... un de mes amis est allé le cher-
« cher; je désire que monsieur... » Voilà tout!..

PETIT-CERF.

Comme il achevait ce mot... un frisson le prit... il renversa la tête en arrière et poussa un cri... il était mort... l'anévrisme l'avait tué...

M. DE BREUIL.

La mort du commodore Harisson est un suicide... On n'est pas secrétaire-général de la police pour ne rien savoir. Mais si le commodore Harrisson est, comme je le crois à présent le père de sir Edvard; mieux vaut pour sir Edward qu'il ne le sache jamais!..

PETIT-CERF.

Que dites-vous?

M. DE BREUIL.

Le commodore s'était rendu coupable aux Indes, où il exer-

çait un commandement, du crime de félonie et de trahison...
Longtemps inconnu, son crime fut enfin découvert... Le gouvernement anglais fit instruire le procès aux Indes... un ami en donna secrètement avis au commodore et quand une demande d'extradition fut adressée au gouvernement français, le commodore se tua pour échapper au déshonneur d'un jugement public....

MADAME DE CHARMIEU.

Oui, oui... Je comprends maintenant le silence du commodore Harisson ; sir Edward ne peut porter le nom de son père !..

SCÈNE XVII.

Les Mêmes, ÉLISE, EDWARD. (Ils viennent ensemble.)

MADAME DE CHARMIEU.

Les voilà !.. Pauvre jeune homme !

EDWARD, qui les regarde

Quel silence !

ÉLISE, à son père..

Vous ne dites rien ! (à Petit-Cerf) toi !... toi non plus ! (Petit-Cerf remonte.)

EDWARD.

Vous vous taisez, madame ! Tout est fini pour moi !

MADAME DE CHARMIEU.

M. Edward !

EDWARD.

Cessez, madame, je connais mon devoir et j'aurai du courage !..

ÉLISE, se jetant dans les bras de son père.

Mon père !.. mon père !

EDWARD, tendant la main à M. de Breuil et à Petit-Cerf.

Mes amis, mes bons amis, je vous ai connus peu de jours, mais votre souvenir restera là aussi longtemps que je vivrai...

PETIT-CERF.

Bon ! voilà que je pleure à présent ! Un joueur d'échecs ! Est-ce bête ?

EDWARD.

Et vous, Elise, vous que j'aime de toute la puissance de mon âme, une fois encore donnez votre main.....

ELISE.

Edward !

MADAME DE CHARMIEU.

Quoi! mon frère, vous ne le retenez pas!... M. Edward...

EDWARD.

Non! non!.. adieu!.. (*Il va pour sortir.*)

SCÈNE XVIII.

Les Mêmes, PATRICK O'NEIL.

O'NEIL, *l'arrêtant*.

Eh! monsieur, on ne court pas comme ça!

EDWARD.

Ne me retenez pas!

O'NEIL.

Pardieu! un père a bien le droit de parler à son fils!..

TOUS.

Son fils!

EDWARD.

Que dites-vous!

O'NEIL.

La vérité, ou peu s'en faut.

M. DE BREUIL.

Ça, monsieur l'Irlandais, expliquez-vous de grâce!

O'NEIL.

Ecoutez-moi (*s'adressant à M*^me *de Charmieu*); et vous, madame, approchez; cela vous regarde autant que monsieur. (*Il montre Edward.*)

MADAME DE CHARMIEU.

Voilà qui est plaisant; et voudriez-vous donner à entendre que j'ai un fils de l'âge de monsieur, sans le savoir.

O'NEIL.

A peu près... si vous le permettez...

MADAME DE CHARMIEU.

Hein?..

O'NEIL.

Que demandiez-vous pour M. Edward? un nom, je crois.

MADAME DE CHARMIEU.

Oui.

O'NEIL.

Celui d'Edward O'Neil, fils de Patrick O'Neil, du comté d'Armag, en Irlande, vous paraît-il convenable?

MADAME DE CHARMIEU.

Oui.

O'NEIL.

Eh bien ! je viens de le lui donner !

M. DE BREUIL.

Vous ?

O'NEIL.

Et oui ! moi !... je suis sorti d'ici tout-à-l'heure, laissant toute la maison dans la désolation... j'ai pris deux témoins en route, et me suis rendu à l'ambassade anglaise, où, en présence de l'ambassadeur qui est de mes amis, j'ai déclaré reconnaître publiquement M. Edward pour mon fils... (*Se retournant vers Edward.*) La chose est faite, y consentez-vous ?

EDWARD.

Ah ! Monsieur ! un nom, le bonheur, je vous dois tout !

MADAME DE CHARMIEU.

Et pour que la chose soit complète, voilà mon frère qui va joindre une femme à ce beau total.

M. DE BREUIL.

Dam ! si ma fille y consent !...

ÉLISE.

Oh! pour cela, oui ! et de grand cœur !

O'NEIL, *le chapeau à la main, saluant madame de Charmieu.*

Madame, j'ai l'honneur, en vertu des conventions verbales discutées entre nous, de vous demander la main de madame de Charmieu, ici présente, pour M. Patrick O'Neil.

PETIT-CERF, *à part.*

Bon ! échec à la dame !

MADAME DE CHARMIEU, *à part.*

Je suis prise !... (*Haut.*) Allons ! j'avais juré d'être toute la vie votre ennemie intime... je vois que pour tenir ~~mon~~ serment il faut que je vous épouse. (*Elle lui tend la main.*)

O'NEIL, *à Petit-Cerf.*

Sans rancune au moins ! M. Petit-Cerf.

PETIT-CERF.

Oui, mais vous me donnerez ma revanche, et je vous battrai !

MADAME DE CHARMIEU, *riant.*

Petit-Cerf, je serai de moitié dans ton jeu.

O'NEIL.

Maintenant je suis sûr de perdre... Heureux en amour !...

(*Il lui baise la main.*)

Le rideau baisse.

Clermont (Oise) Imp. A. DAIX.